走进中国少数民族特色村寨丛书

西江苗寨

THE XIJIANG
MIAO VILLAGE

THE XIJIANG
MIAO VILLAGE

西江苗寨

国家民族事务委员会经济发展司 / 编

撰文 / 苍铭　　摄影 / 黄修义等

中央民族大学出版社
China Minzu University Press

在保护中发展　在发展中保护

国家民族事务委员会副主任　罗黎明

　　少数民族特色村寨在产业结构、民居风格、村寨风貌及风俗习惯等方面都集中体现了少数民族经济社会发展的特点，相对完整地保留了少数民族的文化基因，形象生动地展现了中华文明的多样性，不仅是传承民族文化的有效载体，更是少数民族和民族地区加快发展的重要资源。

　　少数民族特色村寨是展示民族地区形象的名片，但目前在保护与发展方面仍面临许多困难和问题。这些年在工业化、城镇化的大背景下，破坏少数民族传统建筑风格和生态环境的现象时有发生，民族文化传承遭受巨大冲击，民族村寨文化个性严重受损，民族村寨传统的建筑风格逐渐异化，村寨的民族特色急剧减少，加之多数村寨位于边远落后地区，贫困问题比较突出。因此，推进少数民族特色村寨保护与发展工作，是新时期保护、弘扬和发展民族传统文化的重要举措；是促进少数民族和民族地区经济社会发展，提高人民群众生活水平，全面建成小康社会的重要抓手；是落实党的民族政策，为少数民族群众办实事的具体体现。做好少数民族特色村寨保护与发展工作，在促进经济发展的同时抢救和保护少数民族传统文化刻不容缓。

　　为促进民族地区经济社会发展，传承少数民族优秀传统文化，保护中华文化的多样性，2009 年，国家民委联合财政部启动了少数民族特色村寨保护与发展试点工作。国家民委根据《少数民族特色村寨保护与发展规划纲要（2011—2015 年）》（民委发〔2012〕197 号）要求，大力推进少数民族特色村寨保护与发展工作，重点从改善群众生产生活条件、保护特色民居、培育特色产业、传承民族文化和民族团结进步创建入手，"五位一体"加强特色村寨的保护与发展。2014 年，为进一步推动少数民族特色村寨的保护与发展，国家民委组织开展了少数民族特色村寨命名挂牌工作，全国共有 340 个村寨作为首批"中国少数民族特色村寨"予以命名挂牌。截至 2015 年年底，中央财政共投入少数民族发展资金 20 亿元，实施特色村寨建设项目约 1000 个，受益人口达 20 多万人，涉及 40 多个少数民族，在地域分布上覆盖了大多数民族地区，取得了良好的经济效益和社会效益。

为了更好地宣传党的民族政策及各部门、各地区支持少数民族特色村寨的成效，展示中国少数民族特色村寨的独特风貌，国家民委经济发展司编辑出版了这套《走进中国少数民族特色村寨》丛书，尽管这样一套丛书难以全面反映全国少数民族特色村寨保护与发展的情况，但它从一定的视角、不同的侧面，向广大读者展示了中国少数民族特色村寨的历史地理、文化习俗、传统技艺、特色饮食等风土人情，可为广大读者研究民族文化、旅游、建筑等提供参考，也是旅游爱好者制定攻略、备课参考书。

中共雷山县委宣传部、雷山摄影家协会／提供

目 录
CONTENT

中共雷山县委宣传部、雷山摄影家协会／提供

走进西江苗寨

赏

　　西江村为贵州省黔东南苗族侗族自治州雷山县西江镇下辖的一个行政村，现有 1300 多户，居民 6000 余人，是中国乃至全世界最大的苗寨，被誉为"千户苗寨"。"西江"是当地苗语"jlib jang"的音译，清代汉文献写作"鸡讲"，民国时改为"西江"。西江行政村由羊排、也东、东引、也通、平寨、南贵、也薅、欧嘎 8 个自然村组成，其中羊排、也东、东引、也通、平寨、南贵是现西江社区（景区）的核心地区。进入西江，映入眼帘的是一条小河穿过村寨，河两岸是层峦叠嶂、鳞次栉比的吊脚楼。

　　西江千户苗寨旅游发展有限公司编制的导游图将西江的自然与人文景观概述为："西江千户苗寨四面环山，梯田依山顺势直连云天，白水河穿寨而过，将西江苗寨一分为二，寨内吊脚楼层层叠叠，顺山而建，又绵连成片，气势恢宏。形成了其独特的背靠青山、脚踏玉带，一水环流的美丽，苗族农耕、节日、银饰、服饰、歌舞及其遗风古俗在这里世代相传，被中外人类学和民俗学者誉为保存苗族'原生态'文化比较完整的地方。"美丽的自然风光、浓郁的民族文化特色、出色的旅游开发，使西江成为中国知名度最高的苗族村寨，当地政府对西江的形象推介是："用美丽回答一切，看西江知天下苗寨。"2014 年 5 月，西江村被国家民族事务委员会评定为"中国少数民族特色村寨"。

黄修义／摄

从凯里到西江

CONG
KAILI
DAO XIJIANG

中共雷山县委宣传部、雷山摄影家协会／提供

黔东南民族博物馆／提供

从凯里到西江

西江千户苗寨位于雷山县东北部的雷公山北麓，处于雷山、凯里、台江三县市毗邻地区，省道、国道都不经过此地。历史上，由于交通的封闭，使得西江的村落风貌得以长期保存。现在，从黔东南苗族侗族自治州首府凯里到西江千户苗寨，有三条可以选择的路线。

一是沿 S308 省道从凯里往南到雷山县城，再由 X886 乡道从雷山折向东北去西江，从西门进入西江千户苗寨。二是由郎西旅游公路，沿郎利河从凯里往西南方向到西江，从北门进入西江苗寨。三是从凯里沿新修的凯雷高速到西江。

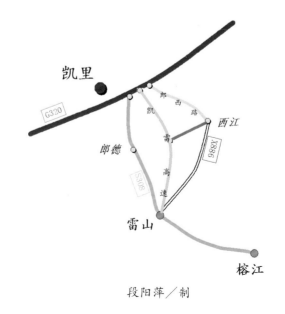

段阳萍／制

西江千户苗寨 美丽囙谷一切

余秋雨题

黄修义／摄

2008年以前，进入西江只有第一条路可以选择。从凯里到雷山约45公里，雷山到西江约35公里，全程约80公里，公路云绕在高山峡谷中，至少需要两个小时才能到达。

2004年，我们第一次去西江，雷山县吴县长安排专车送我们前往，从雷山县城沿着X886公路到西江，一路翻山越岭，依然感到旅途艰辛。2008年，凯里至西江的郎西旅游公路修通，

黄修义／摄

全长32公里，进入西江的路程缩短了一半。2011年，我们从凯里沿郎西公路再次到西江时，只用了40分钟，交通状况已经得到较大的改善。现在凯里至西江，每小时就有一班大巴车，西江到雷山随时都有中巴车，坐满人后就发车。此外，西江苗寨有200多辆小面包车运营，游客进出搭乘十分方便。2015年，雷山县遭受了50年不遇的特大水灾，进入西江的两条公路损坏比较严重，但依然能通行。从凯里经西江到雷山的凯雷高速公路2015年年底通车，从凯里到西江只有22公里，只需要20分钟。

西江苗寨的旅游业促进了交通的改善，交通的改善又推动旅游业的发展。北门是西江苗寨的正门，旅游团队一般都是由此入寨，寨门口，由热情的苗族老大娘、老大爷组成的迎宾队伍的盛情迎接游客，游客从此地购票入寨，门票为100元。然后乘坐电瓶车或步行1.5公里达到挂有"西江千户苗寨"牌匾的大门，门的左侧有国家民族事务委员会授予的"中国少数民族特色村寨"匾牌，进入此门算是正式进入西江苗寨。

村寨的形成

CUN
ZHAI
DE XINGCHENG

黄修义／摄

苍铭／摄

村寨的形成

　　西江苗族认为，苗族的始祖是 5000 年前与黄帝、炎帝在涿鹿大战的蚩尤，他们是蚩尤的后裔。蚩尤部落战败之后向南迁徙，其中一部分到达西江。清代乾隆时，徐家干《苗疆闻见录·新疆六厅》记述"生苗盖均有虞氏时三苗之裔云"。"有虞"是舜帝部落的名称，说明乾隆时就有"生苗"源于上古时中原部落的观点。苗族老人为我们解释，"西江"苗语的意思是"西氏族讨来的地方"，"西"是西氏族，"江"是讨、商讨的意思，西江是西氏族向较早定居于此的"赏氏族"讨来的。从西江名称含义的解释看，西江苗族是从外地迁徙而来的。

　　关于苗族最早定居西江的时间，当地有两种说法：

中共雷山县委宣传部、雷山摄影家协会／提供

　　一是西汉迁来说。西江博物馆展览中介绍的乾隆时期苗族人顾永生《苗族传记》记述，西江苗族父子连名的谱系有 285 代，其中第 69 代祖先引虎、莫虎、条虎三兄弟迁徙至西江定居，按 15 年一代推算，苗族定居西江的时间大约是西汉时期，到乾隆时，已经有 1900 多年。

　　二是明初迁来说。西江苗族学者杨夫林《西江溯源》中收录了《耶（寅、卯）公西迁路线图》《耶公西迁繁衍示意图》《也通李公"西引（寅）"家谱繁衍示意图》三份族谱，族谱中标注，最早迁入西江定居是在明朝洪武年间。西江人普遍认为，羊排村的蒋、唐、杨、侯姓氏的苗族最早迁来西江定居，后来是平寨的侯、陆、李姓，再后则是东引的杨姓、宋姓，欧嘎的梁姓，也薅的毛、李两姓等。

吴厚斌／摄

黄修义／摄

黄修义／摄

从汉文献记载的苗族历史地理分布看，苗族先民唐宋以后进入黔东南地区的可能性比较大，因此，西江苗族先民明代初年建寨的传说比较合理。清初，西江苗族被称为"生苗"，清廷未在该地区设置基层组织进行管理，民国《贵州通志·土民志二》称："苗中有土司者为熟苗，无管束者为生苗。"西江事务由"方老""寨老""族老""理老""榔头""鼓藏头""活路头"等民间领袖管理。"方老"是西江各自然村寨公推的地方领袖；"寨老"是西江各苗寨的首领；"族老"则是某一家族的领袖；"理老"一般由德高望重、学识丰富的人担任，主要负责民间纠纷的调解、裁断；"榔头"主要负责刑罚，维护地方治安；"鼓藏头"负责召集和主持祭祀、祭祖活动；"活路头"则主持安排农业生产。其中，鼓藏头和活路头选举产生后可世袭，其他自然领袖也是由群众选举出来的，但不可世袭。

"议榔"是苗族社会为了维护地方治安和维持社会秩序，由方老、寨老、榔头等组成的群众议事会，负责处理内部的各种重大纠纷、商议抵御外敌入侵等。议榔大会一般每年举行一次，如果社会安定、无争无议，也可两三年举行一次，遇外敌来犯时则临时召开。

黄修义／摄

　　历史上，依据衣服的颜色，西江苗族被外界称为黑苗，因无土司管辖，又被称为"生苗"。清雍正七年（1729），贵州巡抚张广泗开辟"生苗"地区，设八寨、丹江、清江、古州、都江、台拱等"新疆六厅"，这几个厅后演变为今丹寨、雷山、剑河、榕江、三都、台江6县，西江当时属于丹江厅管辖。为了巩固在苗疆的统治，雍正八年至九年，清廷修筑了嘛哈州城、独山州城、清平县城、荔波县城、八寨城、丹江城、鸡讲城、小丹江城、上江城9座城池。其中鸡讲城就在西江地区，丹江厅右军守备署设在鸡讲城。城池的修建一方面是军事控制的需要，另一方面也反映了当地人口稠密，需要进行行政设治管理。由此可知，雍正时西江人口数量已经达到较大规模。乾隆三年（1738），清廷在西江设鸡讲司，土司职衔为土千总，负责管理西江地区苗族事务，西江正式纳入国家行政系列管理。西江苗寨接受中央政府的管辖后，方老、寨老等自然领袖逐步退出历史舞台，但负责祭祀和生产的"鼓藏头"与"活路头"仍得以保留。民国五年（1916），西江遭受百年不遇的旱灾，当地乡绅提议，经"寨老"和"鼓藏头"讨论决定，更名为"西江"。"西江"这一名称更接近于苗语"jlib jang"语音，也映照了穿寨而过的白水河，"西江"之名由此而来。

中共雷山县委宣传部、雷山摄影家协会／提供

村寨选址

CUN ZHAI
XUAN ZHI

黄修义／摄

村寨选址

　　汉族地区的古村镇多是在风水学说的影响下营建的，觅龙、察砂、观水、点穴、取向是汉族地区村镇风水选址的五要素：觅龙是对主山（靠山）的观察选择，龙脉即山脉，包括山脉的走向和起伏变化；察砂是观察主山左右及前方山脉的形貌，风水学称主山左右的山为砂山，主山对面之山，近的称案山，远的称朝山；观水是对水的来源、流向、水质的考察，风水学说认为水是龙的血脉，水大则来龙长，水小则来龙短；点穴是选定村镇的中心基址；取向是选择村镇民居的朝向，取向涉及村镇的采光、背风、排水等问题。依据这五个要素，汉族村镇选址的经典模式是：村镇建筑基址坐北朝南，背后有高大"靠山"；左右有称为"砂山"或"辅弼"的低山丘陵环抱围护，左称"青龙"，右称"白虎"；在这种三面环抱如太师椅的环境中，有开阔舒展的平地，谓之明堂，这是建筑的基址所在地。明堂前应有池塘或河流蜿蜒流过，流水道最好向南凸出，称冠带水（或玉带水），隔水则有"案山"，再远处有"朝山"相呼应，整个环境应林木郁郁葱葱，河水清澈流淌。这一选择模式被归纳为"背山—面屏—环水模式"，民间通俗称为太师椅模式。

黄修义／摄

赏

　　汉族地区风水学说明代开始盛行于江西、福建等地，此时苗族人已经迁徙到西江定居，西江苗寨的选址应该与汉族风水理论没有关系。但是，村落选址的一些特征却与汉族的风水理念不谋而合。西江苗寨的风水理念主要体现在"依山傍水"四个字上。

　　西江主体建筑群选择建在两座坐东北面西南的山地，白水河环绕山脚而过，这与汉族的风水理念有异曲同工之妙。苗族先辈们村寨选址要考虑的因素，一是防洪排水，二是冬季能够获得较多的日照时间，三是农业生产的需要。

中共雷山县委宣传部、雷山摄影家协会/提供

赏

　　西江苗族选择山地居住，将河谷中的土地用于水稻种植，水田可以重复利用，产量较高，利于定居生活。西江民间传说其祖先是从今湖南、广西交界的地区迁入贵州，最初定居从江一带，后来迁到榕江，榕江是他们祖先记忆中最好的地方，是生者的乐园，死者的天堂，死后都要将灵魂送到榕江与祖先们团聚。明朝洪武年间，飞虎公带领其两个儿子"寅虎飞"和"卯虎飞"迁到雷公山的雷公坪定居，雷公坪气候寒冷，不利于五谷生长，苗家人主要靠打猎为生，有一天发现猎狗身上沾满浮萍，大家喜出望外，下山勘察，发现白水河边沼泽地里长满了绿油油的浮萍，岸边生长着竹子等温带植物，认定此地适宜谷物生长，于是寅公和卯公就从雷公坪搬迁下西江坝子居住。由此可以推测，西江苗族先民最初迁到

赏

此地，便于农耕是最重要的原因。西江南贵的"南寿风雨桥"（已水毁不存），位于白水河的水口，苗族风水师借鉴汉族风水理念，将其称为关锁财富的水口桥。但是，汉族的水口在东南方向，西江的水口在东北方向，方向虽然不同，但寓意相同，反映了汉文化与苗文化的交融。

西江苗寨的选址理念应该是因势利导，顺应自然的结果，西江苗寨的主体建筑群，白水河东北岸的羊排、也东、东引、也通四寨，都建在两座对称的双子山峰上，是西江地标性建筑群，也是西江最大的人文景观，两寨均沿着山脊修建，相当于汉族选址中的左青龙和右白虎之上，与汉族将村寨建在三山合抱的山麓台地中完全不同，也正是这一差异使西江苗寨与众不同，特色鲜明。

黄修义／摄

黄修义/摄

村寨布局

CUN ZHAI
BU JU

中共雷山县委宣传部、雷山摄影家协会／提供

村寨布局

　　西江苗寨早期的村寨布局是以农业生产生计方式为基础的，空间组织上没有人为的秩序，而是因地制宜，顺应自然。从整体上看，村落以白水河为轴线，民居分布于两岸山地，其中东北岸山地民居最为密集。河谷地区为水稻种植区。

　　民居建筑布局：各家各户的房屋都尽量建在较高的山地上，避免占用宝贵的耕地，因此，建筑布局都十分紧凑，每户人家基本上都是一栋二层或三层的吊脚楼，没有院落。各户建筑房屋时均不改变原来地貌，顺山势而建，房屋大致上沿等高线排列，屋顶的坡向也随山就势，这样既可以保持山体的形态，又能维护坡面的生态系统的完整，同时还能使建筑形态与山体的自然形态高度和谐统一，令人叹为观止。

黄修义／摄

黄修义／摄

黄修义／摄

赏

　　道路布局：古村寨的道路没有事先规划，而是依据民居的布局和地形的走势决定，与现代村镇建设先规划道路完全不同。道路是由房屋之间的间隙地带连接而成，横向的道路多沿等高线走势，纵向的上下道路用鹅卵石、石板铺就的小道或台阶构成，宽窄不一，线路自由。上下房屋多不是规整排列，自由的台阶和小路穿插在各家各户之中，为村民在村中的往来提供了方便。迂回曲折，不断向上的小道，给游人带来变化无穷，柳暗花明的感受。

黄修义／摄

黄修文／摄

赏

公共设施布局：西江村寨的公共设施过去主要分布在居民区，有芦笙场、游方场、鼓藏堂、斗牛场、防火塘等。西江苗寨的民居建筑比较拥挤，各户没有单独的休闲空间，但村落是熟人社会，村民之间彼此十分熟悉，农闲时节又有闲暇时间，需要有公共空间进行沟通和往来。因此，在羊排、东引两个村寨的上山都留有跳芦笙的芦笙场，青年男女谈情说爱的游方场，在山脚开阔的地方有较大的芦笙场，在河道沙滩上建有斗牛场等。西江苗寨房屋密集，全为木质结构，出于防火需要，每个自然村都建有防火塘，作为消防水池。

黄修文／摄

黄修文／摄

黄修义／摄

賞

　　随着旅游业的发展，西江苗寨由一个农业社区逐步转变为一个旅游社区，村寨中增加了大量的公共设置，村落的布局也发生了较大的变化。从西面山顶的观景台俯瞰西江，村寨四面环山，白水河自西南而东北从寨子中穿过，将村寨一分为二，河的东面是羊排、也东、东引、也通、平寨，河的下游是南贵，6个自然村分为4个片区：羊排—也东片区、东引—也通片区、古街—游方街片区、

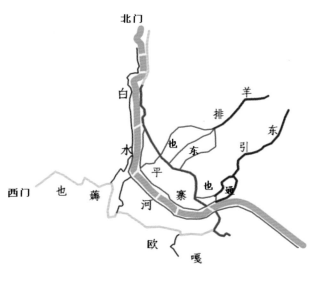

黄修义／摄

黄修义／摄

黄修义／摄

酒店客栈片区（河西南山地）。前两个片区为居民区，后两个片区为旅游区。

　　羊排—也东、东引—也通四个村寨分别坐落于两座对称的山地上，房屋自下而上，顺山势建筑，气势雄伟，景观效果极佳，是游客来西江的最大看点；古街、芦笙场、民族歌舞表演场、游方街是旅游购物、娱乐、餐饮聚集的地区，过去是水田；白水河的西南岸是银饰工艺品一条街，晚上是烧烤夜市；西南面山地比较高大陡峭，原来很少有建筑，近年因旅游的需要建起了大量的酒店、客栈，成为旅游住宿区；北门一带南贵村是旅游接待的迎宾区。村落传统的布局受旅游发展的影响有了较大的改变。

中共雷山县委宣传部、雷山摄影家协会／提供

生计方式

SHENG JI
FANG SHI

中共雷山县委宣传部、雷山摄影家协会／提供

生计方式

　　苗族主要分布于我国的黔、湘、鄂、川、滇、桂等省区，以及老挝、越南、泰国等国家和地区，是南方民族中分布面最广的民族。历史上的迁徙和游耕是苗族分布面广的重要原因。迁徙和游耕导致苗族的生产和生存环境普遍比较恶劣，但雷公山区的苗族生存条件相对比较优越。这一地区的苗族大多定居数百年，财富积累和文化积淀均比较深厚。出生于云南的花苗女博士小朱是一个地地道道的

中共雷山县委宣传部、雷山摄影家协会／提供

苗族人，她第一次到西江，看到西江山清水秀，满眼碧绿的生态环境，巍峨壮丽的苗寨，十分感叹苗族人竟然还有这样好的家园。

西江苗寨地处海拔 830 ～ 900 米之间，为亚热带湿润山地季风气候，年降水量约 1300 ～ 1500 毫米，降水量丰富，土地肥沃，西江苗寨的传统生计方式是农业、家庭养殖业和手工业，是自给自足的小农经济。

西江气候特别适宜水稻生长，稻作农业是支撑西江苗寨发展的基础，白水河两岸的水田是全寨居民主要的粮食产区。历史上，西江苗族以种植高秆水稻为主，二月插秧，十月收获，秋收之后种植冬小麦，在旱地中种植土豆、红薯、辣椒等；牛、羊、猪、鸡、鸭、鱼、蜂的养殖是主要的家庭养殖业；纺织、服装、刺绣、印染、银饰、芦笙、榨油、酿酒是主要的手工业。

水稻种植的产量比较高，水田可以重复使用，有比较稳定的收成，能够供较多的人食用。家庭养殖提供了丰富的蛋白质食物，手工业增加了副业收入，由此促进西江苗寨经济的繁荣发展，为人口的不断增加提供了有力的保障。随着人口的增长，西江苗寨的吊脚楼越建越多，成为举世闻名的千户苗寨。

20 世纪 80 年代起，除了农业之外，西江人开始经营农家乐、加工销售民族工艺品，生计方式有了变化。但 2008 年以前，农业仍然是主要经济来源。

赏

2008 年，第三届贵州旅游产业发展大会在西江举行，以此为契机，政府投入巨资改善了西江的旅游基础设施，修筑了从凯里到西江的旅游公路，使西江旅游可进入性大大提高。此后，西江的旅游业得到快速发展，旅游业的发展使西江村民的生计方式逐步从以农业为主，变为以旅游业为主。苗家乐餐饮住宿、民族工艺品加工销售、休闲娱乐、文化展演、民族服装出租、房屋出租、照相、导游、驾驶旅游观光车、停车场管理、交通运输等 10 余个产业，成为西江较为稳定的新型产业。据官方的统计数据显示，西江个体工商户从 2008 年的 65 户增加到现在的 523 户，增长了 8 倍。其中，"苗家乐"接待户从 40 户发展到 91 户，增

黄修义／摄

加 3.3 倍；餐饮店从 8 家发展到了 79 家，增加 9.9 倍；从事银饰加工销售 36 户；从事民族服装出租及民族服饰销售 95 户；百货小商品、土特产及副食等其他经营户 74 户。此外，西江苗寨还出现了一批农村经济人，从事农副产品、民族工艺品收购、批发、销售。西江人的生计方式实现了重大转型，西江也从一个农业的社区快速转变为一个旅游的社区，由农村转变为一个新兴的城镇。为了留住西江农业文明的记忆，西江人特意在白水河的上游保存了一片 24 公顷的农田，作为田园观光区，从东引寨的山顶向南眺望，从河谷到山麓，梯田层层，高低错落，水稻郁郁葱葱，布满了空旷的山谷。让人追忆西江文明的缘起，欣赏迷人的田园风光。

吊脚楼民居

DIAO JIAO LOU
MIN JU

黄修义／摄

THE XIJIANG MIAO VILLAGE | 西江苗寨

吊脚楼民居

　　西江 1000 多栋吊脚楼民居，绝大多数修建在70多度的陡坡上。从山脚到山顶，高差 500 余米。过去人们将西江称为"西江大寨""苗族第一大寨"，现在美誉为"西江千户苗寨"。白水河东北岸的两座形似金字塔的对称山地，从山脚到山顶，鳞次栉比，层层叠叠建满了各式吊脚楼，气势恢宏，蔚为壮观，是西江苗寨最大看点。

黄修义／摄

中共雷山县委宣传部、雷山摄影家协会／提供

赏

　　西江吊脚楼是一种悬空式建筑，又称为半干栏、半边楼，苗语意为"把平房抬起来的楼"。其特点是房屋的一部分用木柱子架空，另一部分置于坡坎或与自然地表相连，房屋为榫卯连接的木质结构。

　　吊脚楼有三大特点：

　　其一是建房不用破坏山体原有的形貌，人为在山地上修筑建房平台。

　　其二是房屋通风防潮。

　　其三是房屋层高、视线好。

　　西江的吊脚楼通常都是三层楼：

　　第一层存放农具和杂物，过去养牛时，也用作牛圈，或用作厕所。

　　第二层用作客厅、堂屋、卧室和厨房，堂屋外侧建有独特的"美人靠"，苗语称"阶息"，这里采光和通风较好，是苗家人乘凉、刺绣和休息的好地方，也是苗族建筑的一大特色，当地有谚云"美人靠上坐美人，不美也有三分俏"。

　　第三层存放谷物、饲料等生产、生活物资。

黄修义／摄

　　2006 年，西江苗寨吊脚楼营造技艺被列入国家非物质文化遗产名录，名录对其价值的评价是："这里的居民建筑系木质结构，不用一钉一铆，房子框架由榫卯连接，依山势而成，建筑风格别具特色，形成独特的苗寨吊脚楼景观。西江千户苗寨吊脚楼的营造技艺远承 7000 年前河姆渡文化中"南人巢居"的干栏式建筑，在历史沿革中又结合居住环境的要求加以变化。西江的造房匠师根据地形和主人的需要确定相应的建房方案，使用斧凿锯刨和墨斗、墨线，在 30～70 度的斜坡陡坎上搭建吊脚楼。这种建筑以穿斗式木构架为主，因前檐柱吊脚，故而得名。吊脚楼一般有三层，四榀三间、五榀四间、六榀五间成座，依山错落，次第鳞比。吊脚楼具有简洁、稳固、防潮的优点，还能节省耕地和建材。西江千户苗寨吊脚楼连同相关营造习俗形成了苗族吊脚楼建筑文化，它对西江苗族社会文明进程和建筑科学的研究具有极为珍贵的价值。""榀"读作"品"，是古建中框架的单位量词，一个房架称一榀，通俗说就是柱子。

黄修义／摄

赏

黄修义／摄

中共雷山县委宣传部、雷山摄影家协会／提供

赏

　　吊脚楼也存在许多不足之处：一是防火性能差，容易失火；二是隔音效果差；三是卫生条件差。在西江我们看到，传统的吊脚楼都是木结构建筑，建筑的密度非常大，一户失火，全村就可能被殃及；吊脚楼上下左右房间用木板分隔，隔音效果比较差，夜晚一人起夜，全楼均能听到声响；传统吊脚楼没有卫生间，如厕、洗浴均不方便，不符合城市人的居住习惯，一些外出打工回来的青年人也不习惯。因此，在西江可以看到很多新建的房屋都是"一砖两木"，即第一层为砖房，第二、第三层为木质结构，传统与现代结合，既克服了传统吊脚楼的缺陷，又满足了现代人的生活需求。

中共雷山县委宣传部、雷山摄影家协会／提供

黄修义／摄

保存历史记忆的博物馆

BAOCUN
LISHI
JIYI DE
BOWUGUAN

韦修义/摄

保存历史记忆的博物馆

　　进入西江苗寨，游客能直观感受到的是村落建筑风貌和街上琳琅满目的民族工艺品。村寨发展的历史脉络、传统生计方式、宗教文化习俗、名人事迹等物质与非物质文化只有到西江苗族博物馆中才能追寻。西江苗族博物馆2005年建成，是中国民族博物馆的分馆，占地面积3000多平方米，建筑面积1700平方米，博物馆主楼是用长廊连接起来的六栋单体两层建筑群。博物馆设有历史厅、生产厅、生活习俗厅、宗教厅、苗医苗药厅、临展厅等展厅，是中国民族村寨中规模最大、内容最为丰富的乡村博物馆。

黄修义／摄

从博物馆可了解到，西江苗族认为自己是蚩尤的后代，是从黄河中下游地区历经多次迁徙之后才到达西江，他们采用父子连名的命名方式来取名、记录家族世系，博物馆展出的最长族谱为285代，上自黄帝—蚩尤时代，下到乾隆年间。清代在西江设治前，这里属于所谓的"生苗"地界，苗族建立有一套自我管理的行政制度，称为"议郎制度"。博物馆用展板详细简单清晰勾画了"议郎制度"的组织结构，对了解西江苗族古老而悠久的村社基层组织形式有很大帮助。从博物馆还可以了解到更多的平常看不到的非物质文化民俗，如西江苗族的宗教信仰、节庆、生产生活习俗。西江苗族相信万物有灵，他们信神祭神，人畜生病时就要杀牲祭祀，免除灾祸。认为人的灵魂不会不死，因此，人去世之后要请巫师念经将亡灵送回祖居地。每隔13年要举行盛大的祭祖仪式，祭祀祖先，最近的一次祭祖活动是2010年11月18日。苗族古歌里说，蝴蝶是

黄修义／摄

黄修义／摄

从枫香树里出来的，跟水泡谈恋爱，生 12 个蛋。孵蛋孵了 12 年，才孵出了苗族的始祖姜央、牛、蜈蚣等。枫树被视为保寨树，每个村子里几乎都有一棵大枫树，村民们要定期祭祀枫树。万物有灵的自然崇拜在西江苗族人中根深蒂固，佛教、道教、基督教等宗教没能在此传播。

西江苗族最著名的历史人物是民
国时期曾出任贵州省参议会议员的梁
聚五，他是清末民初以来贵州最先接
受汉族文化教育的众多苗族知识分子
之一，是知名的学者和社会活动家。
他既是西江的骄傲，也是苗族人的骄
傲。西江导游图上标注有梁先生故居
的位置，但现实中早已没了踪迹。我
们只能从博物馆的展览中去追寻名人
的足迹。梁聚五先生 1892 年生于西江
苗寨，12 岁时到丹江 (今雷山) 小学
堂念书。后来就读于贵阳模范中学、
贵州省政法学堂、长沙商业学校、湖
南大学等学校。曾任贵州陆军混成旅
参谋。1936 年，梁聚五在丹江当选为

梁聚五先生

贵州省参议会议员。在任职期间，他利用省参议员的身份，积极从事议会活动，
主张抗日救国，成为当时贵州省的名人。1942 年 2 月，他参加中国远征军赴缅
甸抗击日本侵略者。1945 年，经史良介绍，加入中国民主同盟会。1949 年 11 月，
组织学生、市民，以"苗夷自救会"的名义，迎接解放军进驻贵阳，并出席贵
州省人民政府成立大会。1950 年 6 月 28 日，中央人民政府主席毛泽东签署任
命状，任命他为西南军政委员会委员、文教委员会委员、民族事务委员会副主
任委员，博物馆陈列有委任通知书影印件，是非常重要的历史物证。1954 年后，
梁聚五分别担任过四川省民族宗教事务委员会委员，重庆市人民代表，四川省
第一、第二、第三、第四届委员和副秘书长，民盟四川省委委员等职务。梁聚
五在民族史和民族学上的贡献也十分突出，民国时期，他主持编辑了《贵州民意》
杂志，撰写了《苗夷民族发展史》《西南边地概况》等书。

西江苗族博物馆保存了西江苗族丰富的历史文化记忆，是游客认识西江、
了解西江的基本途径，可以说，不到西江苗寨博物馆不知西江事。

黄修义／摄

遮风避雨的风雨桥

ZHEFENG
BIYU DE
FENGYU
QIAO

遮风避雨的风雨桥

赏

　　风雨桥是流行于中国南方的桥梁形式，特点是桥面建有长廊式亭子，能为过往行人遮风挡雨，休息纳凉，西江风雨桥造型优美，兼具实用性与观赏性，是西江苗寨重要的公共建筑。西江苗寨被白水河一分为二，东西交通阻隔。而西江人的田地主要在河的西南岸，人们需要过河耕种田地，因此，河上架有许多简易的桥梁，其中连接平寨和欧嘎的"平寨风雨大桥"和南贵的"南寿风雨桥"是建筑水平最高的风雨桥。但由于白水河上游海拔较高，河流落差较大，山洪不断，旧桥早已不见踪迹。后来，河西南岸的居民不断增多，特别是旅游业发展后，往来行人、车辆不断增多，为此，西江苗寨民众顺着白水河由西南向东北建筑若干座华丽的风雨桥。

黄修义／摄

黄修义／摄

黄修义／摄

黄修义／摄

黄修义／摄

　　一号桥是西江最早的风雨桥，主体为钢筋混凝土结构单孔拱桥，两侧各有三个泄洪孔，跨度20余米。桥面设计为三条通道，中间为机动车通道，约3米宽，只能供一辆轻型汽车单向行驶通过，左右两侧为人行通道，用木栅栏隔开，通道宽约1.5米，桥面的风雨廊由三个塔形亭阁连接而成，两头之阁为长方形四角重檐阁，中间之亭为六角三重檐亭，设计精美，颇具观赏性。桥的两侧有长凳和美人靠供行人休息，凭栏南望，一派田园风光，美不胜收。

黄修义/摄

黄修义/摄

　　二号风雨桥由巨大的石墩、木结构的桥身、长廊和亭阁组合而成。除石墩外，全部为木结构，也是不用一钉一铆，全用榫卯嵌合。廊顶用一大两小双重檐亭阁做装饰。二号桥两端为台阶，车辆不能通行，是供行人通行和休憩的风景桥。桥两侧绿树成荫，桥下溪水潺潺，清澈见底，是休闲纳凉的好去处。

三号桥是连接游方街和西江中学的桥梁。三号桥是单孔石拱桥，两端有台阶，桥面中间通道窄，两侧休闲坐靠区比较宽，车辆不能通行，是步行观光桥。桥上长廊、塔、亭风格类似二号桥。

四号桥桥身为石桥，两桥墩，可以通行小型机动车，是西江较为繁华的桥梁。桥上依然是长廊亭阁，有美人靠，廊顶一大两小亭阁，桥下筑有低矮堤坝形成宁静水面，与岸边微风吹动的绿树形成动静相宜的景色。

黄修义／摄

黄修义／摄

黄修义／摄

　　五号、六号风雨桥是钢筋混凝土结构桥座，桥身木质结构长廊，重檐亭阁，风格与前几座桥类似，均不能通行车辆。由于河道逐渐变窄，桥的跨度越来越小，桥西南岸住户越来越少，这两座桥显得冷清，但更显风雨桥的优雅与本真。

　　白水河上的桥现在都是风雨桥样式了，只有一号桥和四号桥能通行车辆，适宜现代交通的需要，其他桥梁都是步行观光之桥，给游人提供了一个凭栏驻足，观赏风景，体味远久农业文明和苗族文化的场所，成为西江著名的人文景观，吸引着来来往往的游人。

苗家欢歌的芦笙场

MIAOJIA
HUANGE
DE LUSHENG
CHANG

黄修义／摄

苗家欢歌的芦笙场

　　芦笙场是苗族村寨中的标志性建筑，是村民公共娱乐场所，每逢节日，全村老幼都要相聚于此，芦笙欢歌，芦笙场也是苗寨举行其他重要活动的场所。

　　西江苗寨芦笙场位于村寨的中心地区，古街中段，村委会南侧。芦笙场为圆形，约有半个足球场大小，西南外圈为风雨长廊，另一半是开放的。芦笙场背靠气势恢宏的羊排、东引吊脚楼群，背景巍峨壮丽，周边全是出租苗族民族服装的商户。苗族女装颜色鲜艳，银饰华丽高贵，深受游客喜爱。年轻女孩到西江，一定会选择花10元钱租一套华丽的苗族服装与西江气势恢宏的吊脚楼合一张影，留下一个美好回忆。芦笙场每天还安排了定时免费的苗族歌舞表演，可让游客领略苗族风情。每逢节日，尤其是鼓藏节、苗年等节日期间，芦笙场是活动的主会场。遇有重大新闻报道，村委会安放大屏幕电视机，组织全村群众在此集体收看电视节目，并配以苗语同声翻译。如2012年，村委会就组织集体收看了"十八大"，村民们总是从四面八方聚拢而来，身着民族盛装，吹奏芦笙，一片欢歌笑语。

中共雷山县委宣传部、雷山摄影家协会／提供

黄修义／摄

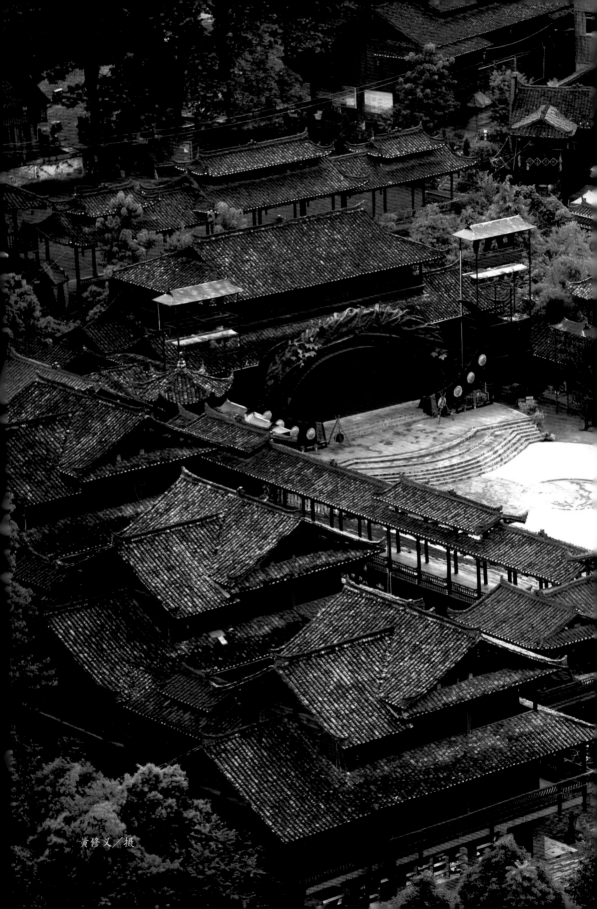
黄修义／摄

民族歌舞表演场

　　民族歌舞表演场位于博物馆西面，坐东北面西南临白水河而建，是西江民族歌舞表演的主要场所。民族歌舞表演场是 2008 年为举办"贵州旅游产业发展大会"而兴建，表演场以西江千户苗寨作为大的背景，四周修建的廊亭作为小背景，占地总面积 13000 平方米，建筑面积 3000 平方米。现在这里已成为西江苗族人民举行重大节日的地方。同时，为向游客展示苗族风情和苗族文化，这里每天都会举行两场苗族歌舞表演。

黄修义／摄

黄修义／摄

黄修义／摄

黄修义／摄

黄修义／摄

  2013 年，西江千户苗寨旅游发展有限公司对原表演场进行了大规模改造，取消了白水河对岸的看台，将原表演场改造为封闭的大型实景表演场，白天为免费演出，游客凭景区门票入场，晚上为"美丽西江"大型风情晚会商业演出，需要另行购买 100 元的门票，晚会 8 点半开演。晚会是一台大型原生态苗族情景歌舞剧，该剧全景展现了苗族从诞生、迁徙、定居和生活的过程，演出分为枫木化蝶、迁徙祭祀、情定西江、锦绣苗装四个篇章，节目包括苗族迁徙、祭祀、铜鼓舞、游客互动节目、苗族情歌、古瓢舞、苗族婚嫁习俗、苗族长桌宴、芦笙舞、木鼓舞、苗族盛装展示等。晚会第一场枫木化蝶，讲述枫树孕育而生蝴蝶妈妈，蝴蝶妈妈生苗族的人类起源故事；第二场迁徙。讲述蚩尤与黄帝大战失败后苗族向南方历尽千辛万苦的迁徙；第三场，千古寻俗，展示西江苗家的婚姻、节日、宗教信仰、饮食等习俗；第四场苗乡锦绣，是西江各种服饰的华丽展演。西江苗族能歌善舞，人人会唱歌，个个会跳舞，几千年来，歌舞伴随着苗族的历史，生动地反映出苗族人民的生活。晚会的制作水平高，灯光美轮美奂，浓缩了西江苗族历史与文化的精华，是一个集苗族历史文化展示、艺术性、娱乐性、游客参与性为一体的商业会演，是游客体验西江苗族文化最好的方式。可以说"看美丽西江晚会，方能领略西江苗族文化"。

黄修义/摄

西江苗寨观景台

XIJIANG
MIAOZHAI
GUANJING
TAI

中共雷山县委宣传部、雷山摄影家协会／提供

赏

　　西江苗寨观景台位于白水河西南山头的制高点上，全长 45 米，周围砌了石栏杆，是山上一块难得的平地，是俯瞰看西江夜景的最佳位置，是游客必到之处。隔河观景，西江苗寨的风景一览无余。

黄修义／摄

黄修义／摄

黄修义／摄

　　西江苗寨夜景是西江最迷人的景色之一，到西江不看西江夜景，是游人的一大遗憾。因此，旅行团的旅游安排一般是中午到达西江，下午安排到西江博物馆参观、在古街购物，晚上组织游客到观景台看西江夜景。从西停车场到观景台有电瓶车送游客直达山顶。要想在观景台找到一个好的位置，必须在太阳落山前，人少时就提前到达。夕阳西下时，柔和的霞光照射在对面山坡的吊脚楼上，可以拍出色彩最好的西江全景照。天色逐渐暗下来后，山下开始出现星星点点的灯光，夜幕降临之后，白水河上的风雨桥披挂了彩妆，首先显露鲜明的轮廓；随后羊排、东引两寨的灯光也陆续亮起来，黑暗的夜空，霎时变得流光溢彩，宁静的山村变成了灯火通明的闹市。民族歌舞展演场是村寨的中心，夜晚灯光格外醒目，舞台正中是由蓝色的灯光造型组成的牛角图案，格外炫目，令人震撼。这样的夜景在城市不足为叹，但在一个遥远的苗族山寨就别有风味。只有在西江才可能有这样规模宏大、灯火辉煌的吊脚楼。如何形容西江夜晚的美景，余秋雨"用美丽来回答一切"，似乎比较贴切。

节庆活动

JIE QING
HUO DONG

中共雷山县委宣传部、雷山摄影家协会／提供

 赏

西江苗族节日丰富，民谚云"大节三六九，小节天天有"，节日有祭桥节、燕子节、招龙节、开秧门、爬坡节、吃新节、苗年、鼓藏节等。

表格 1: 西江苗寨节日一览表

节日	时间	内容
祭桥节	农历二月二	以户为单位祭桥，蛋、鱼、酒、肉、香、纸、糯米饭
燕子节	农历二月上中旬卯日	为燕子建窝
招龙节	申年二月	为本村招回龙神，保佑村民
开秧门	农历二月丑日（牛）	"活路头"安排生产活动，每户派一名代表参加
爬坡节	清明后第一个鼠日、马日	对歌、赛马、斗鸡、游方
吃新节	农历六月下旬卯日	对歌、赛马、斗鸡、篮球赛
苗年	农历十月初六到十八日	跳芦笙、斗牛、祭田神、祭耕牛
鼓藏节	农历九月中旬，子年寅年结束	祭祖、斗牛、跳芦笙

中共雷山县委宣传部、雷山摄影家协会／提供

西江苗寨节日最为隆重的是十三年一次的鼓藏节，其次是苗年，再次是吃新节。

鼓藏节，苗语称"牯哝江略"，意为鼓社节，又俗称"吃鼓藏""祭鼓节"，是以血缘宗族为单位的祭鼓活动。时间是在子、丑、寅三年的初冬，子年"起鼓"，丑年杀牛祭祖，寅年"送鼓"。苗族人认为祖宗的老家在枫树心里，用枫树做成的木鼓就成了祖宗安息的地方，祭祖便成了祭鼓。鼓藏节期间，有芦笙舞、铜鼓舞、斗牛等活动。现在，西江苗族鼓藏节是在第十三年的农历九月中旬，节日时间为13天，杀牛祭祖改为杀猪祭祖，这反映西江苗族定居时间比较长，稻作农业比较发达，重视耕牛作为生产工具的重要性。西江最近一次鼓藏节是2010年，从下面这张节日安排表可以看出，过节的内容也较过去更为丰富，赋予了更多的现代性礼仪。

中共雷山县委宣传部、雷山摄影家协会／提供

表2：2010年鼓藏节西江千户苗民间活动安排表

编号	日期 （农历十一月）	时间		地点	活动内容
1	初十	上午	9:00–11:00	北大门、西大门	迎宾仪式
		下午	1:00–5:00		
2	十一、十二日	下午	2:30	西江河滨道表演场	西江祭祖仪式
3	十一月十四日	下午	2:30	起鼓坪和铜鼓坪	西江祭鼓仪式
4	十四、十五日	上午	10:00–11:00	西江芦笙场	民间银饰、刺绣、纺纱技艺展示
		下午	1:00–3:00		
5	十四、十五日	晚上	8:00–11:00	3号风雨桥、观景台	苗族情歌、飞歌对唱
6	十六日	下午	2:00	1号风雨桥上游河坝	斗牛
7	十六日	下午	1:00–3:00	西江教育展门口	斗鸟
8	十六日开始	上午	9:00	西江村球场	男、女篮球
9	十七日	晚上	8:00	西江铜鼓坪	赛歌
10	二十二日	下午	4:30	铜鼓坪和起鼓坪	送鼓仪式

中共雷山县委宣传部、雷山摄影家协会／提供

中共雷山县委宣传部、雷山摄影家协会／提供

中共雷山县委宣传部、雷山摄影家协会／提供

中共雷山县委宣传部、雷山摄影家协会／提供

中共雷山县委宣传部、雷山摄影家协会／提供

赏

　　"苗年节"就是苗族过年，相当于汉族的春节，时间是农历十月初六到十八日。苗年是西江最隆重的节日，吃年饭是过苗年的标志性活动，一般是在卯日下午，届时各家各户都要杀猪、宰鸡、宰鸭、打糍粑，年饭一直吃到深夜。节日期间有丰富的娱乐活动，主要内容有芦笙舞、铜鼓舞，男女老少一起尽情欢歌，一连跳三五天。节日期间人们都穿上盛装，青年女子更是穿上自己最好的衣服，佩戴上最华贵的银饰，争奇斗艳，美丽动人。斗牛、斗鸟是节日期间必不可少的活动，是苗族人颇具特色的娱乐方式。以酒会友、以歌交友也是苗年中必不可少的内容。过苗年时，西江的秋收已经结束，忙碌了一年的村民有了比较多的空闲时间，说明这个节日是西江苗族进入农耕定居之后的产物。

中共雷山县委宣传部、雷山摄影家协会／提供

中共雷山县委宣传部、雷山摄影家协会／提供

　　"吃新节"是在稻谷抽穗时举办的庆祝新稻谷成熟的节日，时间是每年农历六月下旬卯日，是一个由农事活动演变而来的节日。许多民族的吃新节都是在新谷成熟后，采摘新谷子、稻穗烹饪吃新。西江苗族为什么在稻子抽穗时过节，当地人有一个传说。相传一场洪水过后，人间没有了稻谷种子，只有天上的雷公才有，苗族祖先想尽各种办法，终于从天上得到了稻谷种子，播种下去，田里长出金灿灿的稻谷。农历七月卯日是获得谷种的日子，大家摘来新谷，欢聚在一起，品尝新米，成为吃新节的来历。但是苗族频繁迁徙，迁来西江的苗族把时间错记为农历六月，这样西江的吃新节就变成现在这个时间。过节期间家家户户要酒

中共雷山县委宣传部、雷山摄影家协会／提供

扫庭除，邀请亲朋好友前来过节。男人们拿大公鸡到田边祭祀"天神""谷神"，
摘几株长势良好的稻穗带回家放在供桌上，然后杀鸡，将鸡血滴在冥钱上置于家
门口附近道路上，以祭奠祖先。下午，已经出嫁的女儿会带着孩子和礼物回
娘家。晚饭前先在供桌上上香，供上鸡、鸭、鱼、肉、糯米饭祭奠祖先和天地
神灵，然后开始用餐，餐桌上大家交流生产经验，相互敬酒，预祝丰收的来临。
饭后，青年男女纷纷相约到游方场，唱歌玩耍，第二天男女老少穿上新衣服汇集
到芦笙场和铜鼓场尽情跳起芦笙舞，欢快地唱起苗歌。

西江苗族银饰

XIJIANG
MIAOZU
YINSHI

中共雷山县委宣传部、雷山摄影家协会／提供

西江苗族银饰

　　银饰是苗族最喜爱的传统饰物，主要用于妇女的装饰，品种多样，分为头饰、面饰、颈饰、肩饰、胸饰、腰饰、臂饰、脚饰、手饰等，从头到脚，无所不饰。银饰的制作方式大致是先把熔炼过的白银制成薄片、银条或银丝，然后利用锤、敲、压、剪、刻、镂、缠、磨、雕、焊等技艺，打制出精美纹样，再焊接或编织成型，一件银器往往需要二十几道工序。苗族银匠一般都是子承父业，世代相袭，手艺极少外传，打出的银饰工艺成色好、錾工精细。

　　银饰是苗族妇女身份的体现，财富的象征。西江苗族人口多，婚配嫁娶、逢年过节都要购买银制品，熙熙攘攘的游客更是喜爱银饰品。银饰的需求量不断增大，使古老的银饰锻造技艺得到了空前的发展。近年来，随着旅游业的发展，银饰品的热销，大多数雷山苗族能工巧匠都集中到西江大寨旅游中心地开店制作和销售银制品。其中，苗族人李光雄师傅的银饰店最有名，规模最大。李光雄是西江附近麻料寨人，1983年开始从事民族银饰制作，1987年到凯里加工销售银饰品，1999年到西江镇开办了"第一银饰加工店""光雄纯银店"，经过自己

黄修义／摄

黄修义／摄

黔东南民族博物馆／提供

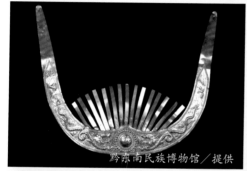

黔东南民族博物馆／提供

黔东南民族博物馆／提供

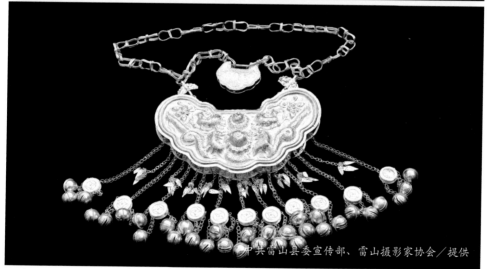

中共雷山县委宣传部、雷山摄影家协会／提供

的不懈努力和诚信经营，是西江苗寨屈指可数的经营大户。李光雄在造型设计上也堪称高手，他善于从妇女的刺绣及蜡染纹样中获取创作灵感；他熟悉苗族文化，能根据苗族的传统习俗、审美情趣，不断推陈出新。如他用鲜艳的苗族刺绣与庄重的银饰搭配，制作的披挂就十分新颖别致，高端典雅，深受游客喜爱。

中共雷山县委宣传部、雷山摄影家协会／提供

中共雷山县委宣传部、雷山摄影家协会／提供

中共雷山县委宣传部、雷山摄影协会 提供

苗族人喜爱银饰，他们世代传习着一种习俗，将家中所有的财产都换成白花花的银子，投入熔炉，锻造成丝，编制成花，錾刻成衣。银凤冠和银花帽是头饰中的主要饰品，也是整套银饰系列之首，素有龙头凤尾之美称，其制作较为复杂，使用的小件饰品少则150余件，多则达200余件，价值昂贵。西江苗族家家都有银饰物收藏。每逢苗年节，苗家女子盛装披银，项戴数个镂花银项圈，胸前配挂硕大银锁，腕上戴数对不同样式的银手镯。

雷公山区并不产银，大量的白银主要是从对外交换中获得。历史上苗族历经迁徙，漂泊不定，将财富换成白银，做成饰品，随身戴在身上，人走则家随，不失为一种选择。苗族人普遍相信银制品可以避邪、祛毒、防止瘟疫，也是人们喜爱的重要原因。现在白银的增值、保值功能已经失却，人们更看重它的装饰功能，因此，价廉物美的"苗银"开始兴起，所谓苗银就是镀银的白铜，时间久了，就会发乌，但工艺效果和装饰效果依然很好。

西江苗族服饰

XIJIANG
MIAOZU
FUSHI

中共雷山县委宣传部、雷山摄影家协会／提供

西江苗族服饰

　　历史上，西江苗族被称为"黑苗"，清乾隆《贵州通志》卷七《地理志》记载："黑苗在都匀之八寨、丹江，镇远之清江，黎平之古州……有土司者为熟苗，无管者为生苗。衣服皆尚黑，故曰'黑苗'。妇人绾长簪，耳垂大环银项圈，衣短以色锦缘袖，男女皆跣足。"按裙子长短划分，西江苗族被称为"长裙苗"，其邻近地区南部有"短裙苗"，北部有"中裙苗"。

黄修义／摄

黄修义／摄

　　西江男式传统便装是无领对襟短衣、大裆裤、黑布鞋，布料以靛染青黑棉布
为主。老人盛装多缠青布头帕、右衽大襟长衫靛青棉布外套马褂、黑布鞋。年轻
男子盛装穿立领靛青棉布的对襟短衣、长裤和布鞋。现在男子多只是在节日里穿
民族服装。

中共雷山县委宣传部、雷山摄影家协会／提供

　　西江女式传统服装分为平常便装和节日盛装两种。便装是日常生活中的装
束；盛装是节日、婚嫁时候的装束，是被外界塑造和认知的西江苗族形象。

中共雷山县委宣传部、雷山摄影家协会／提供

青年女子的便装由头饰、上衣、胸兜和下装组成，上衣为右衽大襟短衣，下身着长裤，发髻上插银簪和小花朵。从整体上看，女性便装以深色为主色调，比较素雅。从色彩搭配的细节看，头饰上的簪花是红色、粉色、玫红色等色彩鲜亮的人造牡丹花，发钗是银色的，梳子是彩色的，这种以黑色为底衬托彩色的配色方式，将饰物加以强调和突出，使得头饰颇具立体感和层次感，入时大方，朴素雅致。逢年过节或婚嫁时，青年女子穿着盛装，绣花衣佩银片、银铃，头套银冠，颈戴项圈，耳戴银耳环，手戴银手镯；下着百褶裙，腰系24条绣有花、鸟、草、鱼、虫、龙、凤、蝶及野禽等图样的飘带。西江苗族盛装被称作"穿在身上的史诗"，相传西江苗族祖先打了败仗，离开祖居地，向西南迁徙，为了不忘记故土，他们将祖先迁徙渡过的黄河、淮河、长江、赣江、湘江都绣在裙子上。

苗修文／摄

黔东南民族博物馆／提供

黄修义／摄

黄修义／摄

　　老年妇女日常便装穿素色右衽大襟短衣，下着青、黑、蓝等色长裤，盘高发髻并装饰木梳、插绢花，发髻外再包上机织的印花枕巾头帕，不露出发髻。节日时头戴银簪、青布头帕，戴耳环或银耳柱、方柱项圈和长项链；下穿围裙式靛青棉布裙，前面系长围裙，围裙上的花鸟、树叶纹样最抢眼。

　　随着生活水平的不断提高，以及西江与外地交流的日益频繁，特别是旅游业兴起后，大量的游人涌入，西江苗族服饰接受了许多现代元素。首先是面料的变化，人们开始用富有光泽的现代面料，如缎面、丝绒或平绒；其次是出现传统上衣配牛仔裤或西裤的混搭；再次是年轻人喜穿现代便装成为一种普遍现象。年轻女子开始佩戴现代风格的饰品，妇女包头用印花毛巾，凉鞋、皮鞋、旅游鞋几乎取代了布鞋。街上穿民族服装的女性更多是已婚的或是中老年女性。

黔东南民族博物馆／提供

黔东南民族博物馆／提供

中共雷山县委宣传部、雷山摄影家协会／提供

婚姻习俗

HUN YIN
XI SU

中共雷山县委宣传部、雷山摄影家协会／提供

婚姻习俗

　　西江苗族青年的婚姻，过去多是由父母做主缔结。当男女青年长大成人后，父母做主给儿子相亲，他们认为与某家女儿联姻恰当，就请媒人上女方家说亲。女方了解男方家情况，认为门当户对，便欣然同意。如女方不了解男方家庭情况，会委婉推辞。遇到这种情况，男方家会再择吉日第二次请媒人前去说亲，女方家父母了解男方情况后，如果认为门当户对，才可能同意。之后，男女双方父母需要见面协商彩礼钱，决定嫁娶日期等事项。这种包办婚姻，婚后一般都比较稳定。

　　随着经济的发展和社会的进步，现在西江苗族青年越来越多的以自由恋爱为主。他们称自由恋爱为"游方"，青年男女对唱山歌，外出打工、生意往来、学校学习，相互认识后情投意合，就可决定结为伴侣。并且越来越多的苗族青年娶其他民族的女孩为妻；也有越来越多的苗族女孩嫁给外来的人，或嫁往外地的人。民族之间的交流、交往、交融在婚姻上体现得十分突出，父母对子女婚姻的干预越来越少。

中共雷山县委宣传部·雷山摄影家协会　提供

吃在西江

CHI ZAI
XI JIANG

中共雷山县委宣传部、雷山摄影家协会／提供

吃在西江

　　西江本地人过去的饮食习惯是一天吃两餐。早饭是上午 8 点左右，晚饭是晚上 7 点左右，饮食与农耕生活密切相关，村民每天外出干活，中午不能回家做饭，所以吃两顿饭。为了防止下午挨饿，人们也会带点东西到田间地头简单吃点，称之为"晌午"。西江人日常主食是米饭，制作方法是先把生米在铁锅里煮到半熟，然后捞出来放到甑子中蒸熟。菜肴有鸡、鸭、鱼、白菜、青菜、莲花白、韭菜、萝卜、黄豆、四季豆、豌豆、南瓜、黄瓜、丝瓜等；调料有辣椒、醋、木姜子、酸汤等。现在，从事与旅游相关的第三产业的人多了，经济条件好了，西江人的饮食习惯也在改变，最明显的是饮食习惯从两餐变为三餐，村里的早餐店越来越多，早餐人们一般会到米粉店吃一碗米粉，中午、晚饭回家做饭吃，旅游业还使当地兴起了烧烤夜市，成为吸引年轻人的第四餐饭。

　　西江苗寨最有特色的菜肴是酸汤鱼和酸汤牛肉。制作方法非常简单，就是煮鱼、煮肉时放入制好的酸汤做调料。西江的酸汤有两种：一种是白酸汤，另一种是红酸汤。白酸汤是用米汤、木姜子等合成发酵制作而成；红酸汤是用红辣椒、生姜、盐、料酒等调料合成发酵制成，苗家人更喜欢用红酸汤。同是酸汤鱼、酸汤牛肉，但味道和口感有可能大不一样，这主要是食材和调料的原因。侯家庄餐厅烹制的酸汤鱼和酸汤牛肉最知名，他们的店每天有 80 多桌客人。店主阿才是当地返乡创业的著名苗族企业家，阿才介绍做好酸汤牛肉的窍门是用好的食材和好的酸汤。具体而言，鱼要用水库里品质好的鱼或稻田放养的鲫鱼，牛肉要用小黄牛肉；酸汤不能用白醋勾兑，一定要用自家秘制的酸汤，这样煮出的酸汤鱼和牛肉才会好吃。大多数游客来侯家庄选择吃酸汤鱼，尤其是稻田鲫鱼做的酸汤鱼。酸汤鱼是用一口大锅炖在桌上的燃气炉上，锅内是白色的浓汤、粉红色的浮油，店家给酸汤鱼配有辣椒、葱末、蒜泥等调料，用鲜汤拌和后，蘸食鱼肉。煮熟的汤酸辣而不烈，香气扑鼻，鱼肉鲜嫩可口，别有一番风味。现在，因旅游业的发展，为满足游客的需求，西江汇集了贵州各地各种风味的特色餐饮。

黄修义／摄

阿才／提供

黄修义／摄

阿才／提供

宣传部、雷山摄影家协会／提供

中共雷山县委宣传部、雷山摄影家协会／提供

黄修义／摄

　　早餐。自助旅行的散客到西江，可以去古街吃早餐，这里满街都是小店，有汤粉、炒粉、面条、稀饭、炒饭、小笼包等，当地人多喜欢吃牛肉粉。

　　正餐。西江千户苗寨的正餐较为流行长桌宴、火锅及苗家风味的炒菜。到苗家乐品尝苗家特色长桌宴，感受苗家人的热情与传统的敬酒习俗，是不错的选择。长桌宴是当地苗族人节日时吃的宴席，现在成为招徕游客的特色餐饮，饭桌长达数米。长桌宴为游客提供了丰富的菜肴，常见的有苗家干锅牛肉、清香土鸡、酸汤鱼、扫寨牛肉、腌肉、苗王鱼、手撕竹笋、蕨粑炒腊肉、芹菜牛肉、米汤鸡、盐菜肉、腊三宝、鸡稀饭等，主人还会请几个歌唱得好青年来唱酒歌、敬酒。长桌宴主要是接待团队客人。散客要吃长桌宴可以和其他人一起拼桌，每个人约50元，非常实惠，只是此类吃法一般需10人以上，人数过少就难成长桌了。

　　夜宵。白水河两岸是小吃、烧烤一条街，入夜从民族歌舞展演场、酒吧出来的游客熙熙攘攘地涌入夜市，吃起夜宵。夜市主要经营有烤鱼、清蒸鱼、酸汤牛肉、麻辣烫、粉肠、蜂蛹、蚂蚱等多种地方特色小吃。

黄修义／摄

住在西江

ZHU ZAI
XI JIANG

住在西江

西江苗寨正式登记在册的酒店、客栈有 200 余家，不在册的可能更多。这些酒店、客栈大致可以分为三种类型：第一类是青年旅社和苗家乐；第二类是新修的农家乐或大型客栈；第三类是休闲度假酒店。

青年旅社一般是有通铺或上下铺的集体宿舍型旅店，特点是有交谊厅、厨房等公共区域。苗家乐是苗族村民在家中开办的旅店。青年旅社和苗家乐一般是在传统民居基础上改建而成。西江苗寨的青年旅社、苗家乐分散在村寨内不同地方，这类旅店大多是由当地农户或者大城市的文艺青年、文化人经营。优点是旅店价格便宜，周边环

黄修义／摄

黄修义／摄

境比较安静，可密切接触店家，感受西江浓郁的苗族文化，比较适合自助游的青年学子。缺点是房间内大多没有独立卫生间，隔音效果比较差，交通不方便。比较有代表性的有：西江荷花池青年旅舍、雷山西江花间墨谷青年旅舍、西江床吧青年驿站、水之澜客栈（西江店）、西江幸福里青年旅舍、西江春兰花青年酒店、登巴连锁客栈（西江店）、西江鼓藏人家青年客栈、西江小英农家、西江田园人家农家乐、西江杨玉祥农家乐、西江苗寨第一家客栈、西江源远牧歌农家等。

新修的农家乐或大型客栈，大多集中在古街和白水河两岸，是西江苗寨数量最多的旅店，这类旅店大多是由外地人承租西江人的房子而开办。优点是房间布置设计精巧，乡土气息浓郁，个性鲜明。房间多为有独立卫生间的标间，有些还带有空调，客房数量多，规模大。缺点是邻近游方街酒吧歌厅区，比较吵闹。有

黄修义／摄

黄修义／摄

黄修义／摄

黄修义／摄

代表性的客栈有：西江虚度阳光度假驿站、西江澜桂村客栈、西江记忆客栈、西江格兰晴天花园度假驿站、西江苗寨人家、西江兰亭·主题式客栈、西江悦府客栈、西江福贵楼客栈、西江眯哆眯彩客栈、720 酒庄客栈、西江苗疆锦绣民艺园、魅力西江客栈、西江春兰客栈等。

第三类休闲度假酒店是按三星级酒店标准设计，优点是房间内部设施齐全，多为可观景房，卫生条件较好，均由外地企业和个人开办。休闲酒店适合有钱有时间，既要享受现代城市文明的住宿条件，又要享受美丽田园风光的游客。缺点是：尽管内部设施优越，但游方街夜晚震耳欲聋的歌声，依然能穿透墙壁；游客基本上与当地人隔离，难以体会到苗族文化的内涵。西江苗寨目前有西江故事度假酒店、西江蝶庄度假酒店、西江云端·揽月亭度假酒店等酒店。

2015 年 6 月，西江遭受 50 年不遇的洪水，道路损坏严重，可进入条件差。暑假期间到西江旅游的大多数是团队游客，散客相对比较少。限于住宿条件和交通条件，大多数旅行团都不在西江住宿，因此，在西江找住宿的旅店还是比较容易，可选择的余地也比较大。

黄修义／摄

中共雷山县委宣传部、雷山摄影家协会／提供

建筑风貌保护

　　建筑风貌是人类长期适应环境的创造，是民族村寨中最直观的文化景观。气势恢宏的西江传统村落建筑景观特色鲜明，是西江最重要的历史文化遗产，也是西江最重要的文化旅游资源，绝大多数游客到西江旅游，就是前来观看西江苗寨独具特色的村落建筑景观。失去传统建筑风貌这一特色，"千户苗寨"的美誉将不复存在，"看西江知天下苗寨"的西江形象将黯然失色。"改革开放"三十多年来，对古城、古镇、古村最大的破坏是拆旧建新的建设性破坏。如何处理好古建筑的保护与房屋的新建、改建问题，是村落建筑风貌保护的首要问题。

　　2008年后，西江旅游业快速发展，外出打工人员大量返乡，村民有巨大的建房需求。这主要表现在三个方面：一是村寨中一些家庭子女结婚需要建新房；二是一些家庭房屋老化，需要拆旧建新；三是一些家庭希望兴建房屋用于经营酒店、农家乐或出租获利。于是，新建房屋像雨后春笋一样兴起，新建房屋往往采用现代建筑材料，建得更宽、更大、更高，与传统木质结构吊脚楼风貌不一致，如不实施有效的管理，西江将失去传统建筑的风貌。

中共雷山县委宣传部、雷山摄影家协会／提供

西江苗寨既是村民生活的社区，同时也是旅游经营的社区，与传统的自然景区和名胜古迹旅游地完全不同。旅游开发需要保护建筑风貌，经济发展需要改善居住条件，两者之间存在巨大的矛盾。村民兴建和改建房屋的建设性破坏成为西江苗寨建筑风貌保护的最大问题。西江地方政府采取奖励与管控结合的办法实现了建筑风貌的保护。

1. 以奖励促进保护

2009年年初，为调动西江景区内村民保护吊脚楼的积极性，雷山县制定了《西江千户苗寨民族文化保护评级奖励办法》，以"人人都是文化主人，个个参与文化保护，家家成为民俗博物馆，户户都是文化保护场所"为口号，鼓励村民自觉进行古建筑的保护。政府每年从西江景区门票总收入中提取15%的资金作为奖励资金，2012年下半年后增加为18%。奖励资金在每年的7月和次年1月分两次集中发放兑现。

评级的方法是对每户人家的"建筑保护"和"家庭人口行为规范"进行量化

打分，根据分数多少确定等级，不同等级给予不同金额的奖励。建筑保护评分的主要指标是建筑的年代、建筑的高度、建筑的结构、建筑的层数、建筑的外观等，目的是鼓励村民自觉保护建筑风貌。家庭人口行为规范评分的主要指标是村民是否有占用国有土地、房前屋后环境卫生、建筑材料或杂物堆放清理等，目的是鼓励村民自觉维护村落公共环境。其中"建筑保护"量化评分是西江文化保护的创新，其评分方法是以栋为单位，具体评分方法如下表：

表 3：西江建筑保护计分方法表（总分 100 分）

（一）房屋建筑年代评分（加分计分法，总分 40 分）		40 分
1	100 年以上	40 分
2	1949 年前建成，不满一百年，主体结构和风貌保持较好	36 分
3	1950—2000 年期间建成，主体结构和风貌保持较好	32 分
4	2001—2007 年期间建成，主体结构和风貌保持较好	15 分
5	2008 年后建成，符合规划和风貌要求的且满三年以上	8 分
6	2008 年拆迁户以原来房屋年代为评分依据	
（二）建筑风貌及规格评分（扣分计分法，总分 60 分）		60 分
1	建筑高度：房屋屋脊高度超过 11.6 米的扣 20 分，不超高不扣分	20 分
2	建筑结构：全木质不扣分；有一层砖混结构扣 5 分；有两层砖混扣 10 分；三层砖混扣 15 分	15 分
3	建筑层数：三层以内不扣分；以三层为标准，超一层扣 5 分，超两层扣 10 分	10 分
4	建筑外观：2008 年新建房未安美人靠扣 10 分；封闭了美人靠扣 2 分；砖混外观未做木包装、木头未降色扣 10 分；用现代材料装修扣 5 分	15 分
（三）其他加减分项		
1	有老式粮仓等特色建筑加 3 分	
2	附属建筑未做木包装、降色扣 3 分	

　　建筑年代评分项主要考察吊脚楼的历史远久年代，古老的建筑不仅仅是居所，也是重要的文物，代表了一个时代的建筑特点、建筑水平、建筑工艺等。西江历史悠久的古建筑往往分布在较为偏僻的地段，不适合用于经营、出租等，这些古旧的建筑获得较高的分值，能够得到相对较多的保护奖励经费，较好地调动了群众的保护积极性。

　　建筑风貌及规格评分项主要评分指标是建筑高度、建筑结构、建筑层数、建筑外观。此项评分目的是鼓励村民在古建维修、改造或新建房屋时保持西江吊脚楼的风格，使得整个村落风貌保持协调。西江苗寨的传统吊脚楼绝大多数是2—3层，建筑层高一般是2.2—2.4米，三层楼一般在8米左右。由于房屋高度基本相同，顺山而建的吊脚楼，远看屋顶天际线与山脉走向一致，自然和谐，景观效果非常好，并且相互之间不会遮挡。如果房屋高度不一致，就会产生杂乱无章的感觉，且互相遮挡，因此，鼓励村民在改建、新建房屋中维持一定高度非常重要。美人靠是西江吊脚楼的标志和特色，省去了美人靠或者将美人靠所敞开的空间封

中共雷山县委宣传部、雷山摄影家协会／提供

闭，吊脚楼将黯然失色，所以，是否有美人靠被列为一项重要的加分标准。

西江苗寨的山地多为褐色、灰色，吊脚楼中部木板为灰色调，屋顶青瓦为黑色调，三色之间自然协调。新建或改建房屋若用现代材料，比如瓷砖贴面，将破坏这种风貌，因此建筑外观色调的一致性也非常重要。由于木质结构房屋容易发生火灾的原因，新建、改建房屋多采用了底层的为砖混，2—3 层为木质结构，砖的色调与木板色调不协调，需要做包裹木材的降色处理，房屋色调才能一致。因此，对不做包木板处理的砖混房屋给予扣分。西江苗寨山脚下的吊脚楼交通便利，游客较多，经营收入也多，但建筑的远久性、完整性不如山顶的房屋，获得的评级奖励经费相对较少。山顶的吊脚楼所处位置偏远，游人少，经营条件不好，但房屋年代比较久远，风貌保持比较完整，评分较高，得到的保护奖励经费较多。据村委会介绍，2011 年以来，西江苗寨共发放奖励基金 3877.24 万元，每户平均 7530 元。《西江千户苗寨民族文化保护评级奖励办法》兼顾了村寨山脚和山头上村民的利益，调动了村民参与村落建筑风貌保护的积极性。

防火安

黄修义／摄

2.以管理强化保护

村民自觉保护是西江苗寨村落风貌保护的基础，政府有效的管理则是实现保护的重要途径。2008 年 9 月 1 日，黔东南苗族侗族自治州出台《黔东南苗族侗族自治州民族文化村寨保护条例》，其中第十五条规定："民族文化村寨的公益事业建设、基础设施建设、民居建设等应当体现民族风格和地方特点。民族文化村寨保护区内，禁止修建与村寨建筑风格不协调的建筑物、构筑物。"第十六条规定："在民族文化村寨保护区内，符合规划需要改建、维修、新建的建筑物的立面、造型、高度、色调应当与民族文化村寨整体建筑风格协调一致。"

2013 年，西江镇政府以《黔东南苗族侗族自治州民族文化村寨保护条例》为法律依据，制定了实施办法，主要内容包括：

第一，在西江千户苗寨核心保护区内，经批准新建、改建、维修的房屋建筑物，应保持苗族木质吊脚楼风格，屋面屋脊应为小青瓦、色调统一控制为传统灰褐色或原木色，保持苗族建筑原有工艺特色，并与邻近房屋建筑风貌、高度相协调。

第二，房屋结构控制在三层以内，总高度为 11.6 米（即一楼底层沿中柱至屋脊）以下，檐口高度 8.0 米以下，房屋开间应取单数，可加厢房或偏厦。

黄修义／摄

　　第三，由于地基、地质条件等方面原因确需修建砖混结构建筑的，严格按照"第一层砖，第二、第三层全木质结构"的要求建设，第一层砖混结构部分的外观应当采用木质或仿木质包装。

　　第四，经批准新建、改建的房屋只能在每年的11月至次年的4月之间进行。

　　新建、违建的管理是村镇发展中最为棘手的问题，是许多古村镇景区化之后文化保护的最大难题，一些地方正是因为这一问题的处理方式不当，引发群体性事件。古村镇多是存留千年的熟人社会，西江苗寨也不例外，虽然管理上有法规可依，但是，如果不能科学执法，结果只会适得其反。村民能否参与旅游管理，参与旅游决策通常是民族村寨旅游开发成败与否的关键问题。西江苗寨政府采取了问计于民、取信于民、服务于民的态度，充分调动村民参与管理，成功地实现了以管理强化保护的目的。西江镇政府总结了三条经验：

　　一是积极探索和发挥景区建筑保护委员会、寨老作用，加强群众自治，形成齐抓共管的景区房屋建设管理模式。2014年8月，西江苗寨成立了西江村建筑保护委员会，推动群众建房群众决策的预审预批工作机制，使群众建房按规有序推进。同时，积极划定建设期和非建设期，将每年5～10月为定为非建设期，此期间一律不审批建材运送和建设施工；每年的11月至次年的4月定为建设期，确保景区建房秩序井然，从而有效避开旅游旺季，合理解决了景区旅游服务与村民基础建设的矛盾冲突。

　　二是理顺建房审批手续，严格按照建房审批流程执行。西江景区建房审批手续程序是：村民向西江村村委会提出建房申请，西江千户苗寨建筑保护委员会对

中共雷山县委宣传部、雷山摄影家协会／提供

申请建房户进行初审；对于建房选址、建设方案等方面符合景区建房规划的，在同等条件下进行评比，评比标准按照住房最困难、房屋老损最严重的作为审批初审户，提交西江景区民房建设审批会议确定审批名单，每个建设期审批名额为15户；确定审批名单后，由审批户与西江千户苗寨建筑保护委员会签订建房协议，明确建设方案、建设期限、建材堆放地点等，按审批的建房设计图和效果图施工建房。每个环节产生审批名单，都要进行张榜公示，接受群众监督。同时，对村民房屋修缮、厕厨改造、内部装修等建设的审批程序是由建设户向西江村村委会提出建设申请，村委会出具审查意见后由西江千户苗寨建筑保护委员会与西江景区管理局共同现场勘察、会议商议决定并签订建设协议后，按协议施工建设。

三是严格执行建材管控制度。对获得审批建设的，给予办理建材准入证，并限时限量运送建材，同时落实人员对施工过程进行监控，确保建房按规定建设；对未得到审批擅自动工建设、违法占地建房（占田、荒坡、草地、林地，占国有土地，占消防通道等建设）、违规建房不按要求整改的，一律不予办理建材准入证。违规建房按整改要求整改获审批后，才可以办理建材准入证运送建材；需对房屋内部装修等零星修补的，由村民或经营人向西江村建筑保护委员会提出申请，经西江村建筑保护委员会和西江景区管理局进行实地核查，符合规定的，由西江景区管理局统一安排购料运送，减少建房群众运送开支。对建材运输的管控，一方面维护了西江苗寨旅游景区内的环境和交通秩序，另一方面也有效地控制了违章建筑的搭建。

黄修义／摄

政府主导的旅游产业

ZHENGFU
ZHUDAO DE
LVYOU
CHANYE

黄修义／摄

政府主导的旅游产业

　　西江苗寨的旅游始于 20 世纪 80 年代，当时西江村因村寨规模宏大、民族文化内涵丰富，吸引了一些民族研究者前往考察。美国人类学者路易莎就是最早到达西江苗寨考察的学者之一，1982 年，她为完成博士论文，来到西江进行了为期一年的田野调查，此后，不断有学者、学生前往考察，这些外来者成为西江苗寨最早的"游客"。通过学者、学生们的研究和介绍，西江苗寨美丽的风光、浓郁的文化开始为外界知晓，按当地村民的说法就是有了一定"知名度"，从而引起地方政府的关注。我们在西江听到这样的传说："路易莎博士曾经就发展西江民族风情旅游，向省里领导提出过建议，因而，1987 年贵州省将西江苗寨定为民族风情旅游景点、旅游开放区。"随后，西江苗寨得到了政府的第一笔 3 万元旅游专项拨款，该款是由雷山县民委拨给西江镇政府的，主要用途是修建村寨道路、桥梁、民族招待所等旅游基础设施建设。然而，20 世纪 80—90 年代，雷山地区保持完整风貌的苗族村寨成百上千，被外界熟悉的仅仅有雷山的朗德上寨，西江还没有被普通游客所了解，前来旅游的人寥寥无几，西江的旅游还未形成产业，大部分青年人都选择到广东等沿海地区打工。这期间雷山县政府主要通过文化保护、文化展示等方法推介西江，提升西江形象。1992 年，西江被列为贵州历史文化名（城）镇；1999 年，西江被列为古镇保护与建设乡镇。

黄修义／摄

　　2002年，雷山县政府将中国贵州"苗年文化周"活动主会场设在西江苗寨。这一文化盛会经新闻媒体大量报道后，扩大了西江苗寨的影响力。据当地村民介绍，那次"苗年文化周"之后，西江有了七八户从事旅游接待的"农家乐"，当地著名的"阿浓苗家"就是在那时开办的。农家乐是指农民利用自家院落所依傍的田园风光、特色文化，以低廉的价格吸引市民前来吃、住、游、购、娱的旅游形式，西江人称之为"苗家乐"。到2007年时，西江苗族人开办的"苗家乐"、餐馆、工艺品商店不断增加，西江苗寨著名的餐馆"侯家庄"就是在这一年开业的。"农家乐""餐饮店""工艺品商店"的增多，反映了西江人生计方式开始发生变化。

　　2008年，贵州省第三届旅游产业发展大会在西江苗寨举行，此次盛会成为西江苗寨旅游发展的重要转折点。政府投入巨资改善了西江的旅游基础设施，修筑了从凯里朗利至西江的旅游公路，使西江苗寨的可进入性有了较大的提高。当年有游客200万人次到西江旅游，游客井喷式增长，游客数量比2007年增加了数百倍，西江苗寨一举成为贵州最为知名的民族村寨。

旅游发展带动了西江苗寨第三产业的发展，西江苗寨从一个农业的村社，转型为一个旅游景区，一个以工商业为经济基础的市镇。据西江镇政府提供的数据显示：2007 年，西江苗寨只有农家乐、民族工艺加工销售、餐饮住宿三个旅游服务行业，2015 年，发展出休闲娱乐、文化展示、民族服装出租、房屋出租、照相、导游、旅游观光车、停车管理、交通运输等多个行业。当地居民从农民转变为工商业者，90% 以上的农户通过各种形式参与旅游，如有 400 多名中老年人成为民族文化展示人员，1200 多人从事餐饮及旅游产品销售，460 多人成为景区管理和服务人员，10 多名残疾人通过擦皮鞋实现就业，交通运输、农产品批发销售、酒吧、服饰出租、食品加工、酿酒、工艺品制作等行业实现 2600 人就业。

西江苗寨旅游业的发展，吸引了大量本村外出务工青年返乡创业，外出务工的 1100 名农民，有 820 多名返乡创业。其中，农家乐接待户中 90% 是外出务工青年返乡创建；规模较大的种植户和养殖户，多数是返乡青年；外出银匠大部分返回西江从事银饰加工。旅游业的发展，给西江勤劳的苗族青年提供了就业机会，实现了剩余劳动力的就地再就业。2014 年，西江苗寨农民人均纯收入为 9400 元，高于雷山全县平均水平，人民生活水平有了较大的提高。

黄修义／摄　　　　　　　　　　　　　　　黄修义／摄

　　西江苗寨旅游业的发展，堪称少数民族地区特色村寨建设、民族地区城镇化建设的样板，其成功之道在于政府的强力主导。贵州少数民族村寨多是农业文明的产物，工业化时代经济发展相对滞后，因而也保留了良好的自然生态环境、完整的历史建筑风貌。具有优美的自然环境、浓郁的民族文化的村寨成为当地开发旅游、发展经济的重要资源。近10年来，开发少数民族特色村寨的旅游资源，已成为民族地区经济发展的重要选择。从投资和管理主体角度看，少数民族村寨旅游开发可分为村民自主开发型、企业主导型、政府主导型三种类型。

　　村民自主开发是指古村镇村民作为直接利益主体，自筹资金，自我规划，开发本村寨的旅游资源；企业主导型是政府与投资企业签订协议，授权企业一定期限内拥有民族村寨的开发经营权与收益权，企业支付地方政府一定的承包费；政府主导型是指政府在组织管理、旅游规划、资金投入、市场宣传、社区参与等方面发挥主导作用，开发民族村寨旅游。西江苗寨的旅游开发就是典型的政府主导模式，其特点是：

第一，有利于西江苗寨基础设施建设

　　西江苗寨保留了古老的建筑风貌、文化特点，但缺乏交通、供水、供电、通信、卫生等旅游基础设施。这些基础设施是西江苗寨发展旅游的必备条件，投资较大、公益性强、无直接回报，当地村民无力进行投入。由于看不到投资效益，也没有企业愿意投资基础设施建设。因此，从20世纪80年代以来，西江苗寨与旅游相关的基础设施建设，都是政府主导无偿投入，只有政府才愿意为西江苗寨提供无偿的公共产品。2008年，贵州旅游发展大会在西江召开前，政府在西江

中共雷山县委宣传部、雷山摄影家协会／提供

苗寨旅游基础设施建设、文物修缮维护等方面投入了巨额资金。实施了郎西旅游公路、主会场（民族歌舞表演场）、苗族博物馆、精品街建设、民族古街改造、观景台、生态水体建设、河滨道民族特色改造等 20 多项个旅游基础设施建设工程项目。其中郎西旅游公路投资 500 余万元；主会场（民族歌舞表演场）占地面积为 1.3 万平方米，建筑面积 2760 平方米，总投资 680 万元。政府巨额的资金投入，改善了西江苗寨的旅游基础设施，提高了游客的可进入性，奠定了西江苗寨旅游产业发展的基础。

第二，有利于西江苗寨旅游市场的前期培育

西江苗寨在旅游开发前是贫困落后的民族村寨，社会知名度低，游客较少，市场发育程度比较低。政府主导旅游开发，无偿投入大量的人力、物力、财力进行整体的形象宣传和推荐。西江苗寨在政府主导下，邀请国内外媒体对其进行报道宣传；文化名人余秋雨前来访问；举办"天下西江"大型原生态歌舞表演，"文化遗产和活在遗产中的人们——西江千户苗寨图片展"；制作《中华美人谷》光盘；出版《蚩尤魂系的家园》《西江旅游折页》《游西江千户苗寨》《西江旅游手册》等，塑造"看西江而知天下苗寨""天下第一苗寨"的对外形象，使西江苗寨成为黔东南最热的旅游目的地。

黄修义／摄

第三，有利于规范西江苗寨旅游秩序

西江苗寨进行旅游开发后，带来大量的人流、物流打破了其宁静的状态，呈现出纷繁复杂的状况。政府主导制定了西江苗寨旅游规划、景区管理暂行条例，协调村寨各种利益群体关系，处理游客投诉，为酒店客栈、旅游从业人员、旅游者提供服务和管理，为西江苗寨旅游市场的健康、有序和持久发展提供了保障。如雷山县政府 2008 年专门制定了《雷山县西江旅游发展规划》，2010 年又针对西江苗寨游客迅速增加，带来的管理、接待、服务等整体水平难以跟进的问题，提出西江景区扩容和景区综合整治项目，保证了西江苗寨旅游业的良性发展。

第四，有利于西江苗寨的整体保护

西江苗寨是苗族人生活的社区，对其进行旅游开发时，整个村寨就成为旅游产品。西江苗寨旅游资源是公共资源，公共资源的利用就可能出现游客或经营者对民族村寨利用不当所带来的损毁，这就需要由政府采取行政措施加以保护。政府部门对景区民房建设进行了严格管控，保护了村落建筑风貌和古建筑；政府部门还制定了旅游区内车辆出入的管理规定，消除了车辆对村寨环境造成的影响；制定了防火相关办法，防止火灾危及村寨古建筑。政府主导的西江苗寨旅游开发，对村寨建筑风貌的保护，起到了决定性作用。

黄修义／摄

村寨文化振兴

CUNZHAI
WENHUA
ZHENXING

村寨文化振兴

　　西江苗寨建筑风貌保持较好，但 20 世纪 90 年代以后，传统的非物质文化大多式微，甚至销声匿迹。村寨缺少文化内涵，建筑就会成为一个僵硬的外壳，天下第一苗寨的美誉就名不副实，西江苗寨就不能持久地吸引外来游客，游客来了没有更多可看的东西，也会匆匆离开。西江苗寨旅游业发展，重振了村寨民族文化。

　　寨佬迎宾仪式是苗族村寨接待宾客的最高礼仪。仪式具体形式是每天开寨门

中共雷山县委宣传部、雷山摄影家协会／提供

时，由众多苗家老人在大门外举行迎客仪式，隆重欢迎四方游客的到来。寨佬迎宾仪式由苗族十二道拦门酒仪式改编而来。苗族人热情好客，招待客人以酒为重，苗族村寨欢迎尊贵客人的方式是设置"拦路酒"，寨老或盛装的年轻姑娘手捧酒杯，给来宾唱歌敬酒，少则有三五道，多则有十二道。较早将这一文化习俗开发为旅游项目的是雷山的朗德上寨，西江苗寨把这种隆重的迎宾仪式恢复并改编为"寨佬迎宾"旅游项目，由 108 名穿着盛装的男女老人，吟唱苗族古老歌谣，给宾客献上苗家香浓的米酒。游客一到达西江就能感受到苗家人热情好客的民风和厚重的文化。这一活动不但恢复了西江苗寨古老的待客礼俗文化，而且使得西江的老人们老有所为，老有所乐。

中共雷山县委宣传部、雷山摄影家协会／提供

　　鼓藏头是鼓藏节负责祭鼓仪式，节后保管木鼓、铜鼓的人。西江苗族人认为祖先的灵魂附着在鼓中，所以以供奉和祭祀鼓来祭奠祖先，祭祀完毕之后将鼓收藏起来，不再动用。鼓藏头是由村社选举产生，并可以世袭，是西江地位比较高的民间领袖。鼓藏节中有一项重要的仪式是将鼓取出并举行仪式，起鼓场就是举行起鼓仪式的地方。传说过去祭祀用的铜鼓是藏在深山洞里，鼓藏节时才取出，并举行起鼓仪式。活路头是农事活动的组织者和领导者，每年农历三月"开秧门"时，活路头要召集各户代表安排生产活动。游方场是西江苗族青年男女交朋会友的场所、对歌跳芦笙舞的地方。20世纪50年代以后，随着社会的发展与变迁，传统的社会组织逐步解体，鼓藏头、起鼓仪式、活路头、游方民俗渐渐成为历史记忆。

　　为使游人领略西江苗族传统社会组织和民俗文化，西江苗寨恢复了藏鼓堂，建起了活络头展示室，重建了游方场、起鼓场等文化景点。鼓藏头的后人，又被赋予象征性的权威，其职责有：一是平时收藏和保管铜鼓和木鼓；二是在鼓藏节中主持祭鼓仪式；三是宣布过苗年和其他节日的时间。活路头家成为展示和表演传统"起活路"的场所。游方场重新修缮成为表演场，吸引青年游客寻幽探俗。酿酒、银饰、刺绣是西江苗族的传统技艺，西江苗寨景区为使游人体验到米酒酿

中共雷山县委宣传部、雷山摄影家协会／提供

中共雷山县委宣传部、雷山摄影家协会／提供

黄修义／摄

黄修义／摄

制的过程、银饰加工的工艺流程、苗族传统服装的制作过程，重点支持几户农户完善了传统的酿酒、银饰、刺绣工艺，建立了可供游人观赏的酿酒坊、银饰坊、刺绣坊。西江苗族文化以景点的形式恢复和重建，一方面重振了苗族的传统文化，另一方面给游客的西江苗寨之旅，注入丰富的文化内涵。

　　旅游发展推动了西江苗寨苗族文化的复兴，旅游与文化的发展给西江苗寨带来了一系列的荣誉。2007年西江苗寨被建设部和国家文物局评为"中国历史文化名镇"，中国国土经济学会、中国古村落保护与发展专业委员会将西江苗寨评定为"中国景观村落"；2008年西江苗寨被中国工艺美术家协会命名为"中国苗族银饰之乡"；2014年西江苗寨被国家民族事务委员会评定为"中国少数民族特色村寨"。

后　记

　　2015 年 5 月，受国家民族事务委员会经济发展司委托，我们承担了"走进中国少数民族特色村寨丛书"前两册的编写任务，由苍铭、黄修义、段阳萍、赵桅、严赛、杨筑慧、李瑜、黄菡薇、刘星雨、杨文红、李威颖、张薇等师生组成了调研编写小组，并提交了一个以村寨民族志为基础的编写提纲。编写提纲试图从村寨形成、村寨文化和村寨产业发展三个角度介绍少数民族特色村寨，并按照提纲主题拍摄精美图片，书籍以图文并茂形式，展示少数民族特色村寨秀丽的风光、浓郁的民族文化、生机盎然的产业发展。经过几次修订，大纲获得了通过。随后我们选择了村寨建筑风貌特色鲜明、产业发展较好的贵州雷山县西江苗寨作为这套丛书介绍的第一个村寨。

　　2015 年 7 月，我们前往西江苗寨进行了第一次调查和摄影；9 月，完成了本书的文字初稿；10 月，贵州民族大学民族学系主任、西江籍苗族学者李天翼教授审读了书稿；11 月，进行了第二次调查，补充完善了书稿资料和图片。段阳萍老师绘制了交通和村落布局示意图。

　　在本书出版之际，特别感谢国家民族事务委员会经济发展司领导给予的极大信任，同时，特别鸣谢协助我们田野调查的雷山县旅游发展委员会马红、欧伟琴两位女士，西江苗寨侯家庄阿才先生。感谢给予我们热情帮助的黔东南苗族侗族自治州工信委石庆光、民族职业技术学院罗春寒、民委张盛、凯里市舟溪镇吴玉彬、雷山县旅游发展委员会杨天伟等领导同志。感谢雷山县宣传部外宣办李雪主任，为本书提供了许多唯美的图片，使本书更具视觉冲击力和观赏性。

走进少数民族特色村寨丛书 《西江苗寨》编写组

2016 年 3 月 27 日

图书在版编目（ＣＩＰ）数据

西江苗寨／国家民族事务委员会经济发展司编；苍铭撰文；黄修义等摄影 .-- 北京 ：中央民族大学出版社，2016.7

（走进中国少数民族特色村寨丛书）

ISBN　978-7-5660-1210-4

Ⅰ．①西… Ⅱ．①国… ②苍… ③黄… Ⅲ．①苗族—乡村—概况—雷山县 Ⅳ．① K927.35

中国版本图书馆 CIP 数据核字（2016）第 158483 号

西江苗寨

编　　者　国家民族事务委员会经济发展司
撰　　文　苍　铭　　　摄　　影　黄修义等
责任编辑　黄修义
装帧设计　汤建军
出 版 者　中央民族大学出版社
　　　　　北京市海淀区中关村南大街 27 号　　　邮编：100081
　　　　　电话：68472815（发行部）　　　　传真：68933757（发行部）
　　　　　　　　68932218（总编室）　　　　　　　68932447（办公室）
发 行 者　全国各地新华书店
印 刷 厂　北京宏伟双华印刷有限公司
开　　本　787×1092（毫米）　　1/16　　印张：11
字　　数　210 千字
版　　次　2016 年 9 月第 1 版　　2016 年 9 月第 1 次印刷
书　　号　ISBN 978-7-5660-1210-4
定　　价　68.00 元